Vorwort

Jeder fragt sich jetzt, was Helsinki mit Småland zu tun hat, eigentlich nicht viel.

Helsinki ist die Hauptstadt Finnlands und Småland ein Län in Südschweden. Ein Län ist so ein Mittelding zwischen Bundesland und Landkreis, nur nicht in Deutschland, sondern in Schweden. Ja, die Verbindung ist eigentlich nur die riesige skandinavische Halbinsel.

Ich habe versucht, eine Verbindung zwischen Småland und Helsinki anläßlich eines 3-Tage-Trips herzustellen. Seit dem 19.2.2007 bin Eigentümer eines roten Schwedenhauses in Målilla. Es ist ein netter kleiner Ort der Komune Hultsfred mit ca. 1700 Einwohnern . Dort gibt es viel Natur, mit Wäldern, mit zahlreichen Seen und einer felsigen Hügellandschaft.

Hier ist die Umwelt noch intakt. Und so habe ich das gemacht, was viele Deutsche vor mir taten und mir den Traum vom Haus in Schweden erfüllt. Ich befinde mich jetzt in der Freistellungsphase der Alterteilzeit und lebe jetzt sowohl in Deutschland , als auch in Schweden.

Målilla liegt sehr verkehrsgünstig , 331 km von der Mitte der Öresundbrücke,

die Kopenhagen mit Malmö verbindet , 300 km von Göteborg und auch 300 km von Stockholm entfernt.

Da man als Oldie nicht mehr so gerne mit dem Auto ins Hauptstadtzentrum von Stockholm fährt, führt mein Weg mit der Bahn nach Stockholm und dann weiter mit der Viking-Line nach Finnland.

Ich habe in den drei Tagen unglaublich viel gesehen und erlebt und möchte diese Erlebnisse nicht missen. Es war zum Teil recht abenteuerlich, was ich erlebt habe...

Inhalt

Die Reiseplanung und Buchung

Ich lebe normalerweise in Lübeck. Durch meine Pensionierung und der Tatsache , dass ich in Småland seit 2007 ein rotes Schwedenhaus besitze, lebe ich aber auch in Schweden. Målilla sollte also der Ausgangspunkt meiner Reise werden.

Målilla hat keinen eigenen Bahnanschluß . So plane ich, mit dem Zug von Hultsfred , dass 11 km von Målilla entfernt liegt , nach Stockholm Centralstation zu reisen. Irgendwie würde ich dann schon von dort zum ca. 4 km entfernten Kai der Viking Line kommen. Es gibt ja Busse und Taxis.

Meine erste Buchung der Reise mache ich schon in Lübeck. Auf der Internetseite der Vikingline entdeckte ich , dass es auch in der schönsten Stadt Deutschlands, meiner Heimatstadt Lübeck, ein Büro der Viking-Line gibt . Was liegt also näher, als dort meinen Trip Stockholm –Helsinki –Stockholm zu buchen. Das mache ich dann auch.. Die Sonne meint es an diesem Tag recht gut. So komme ich gut gelaunt dort an . Ein junger, sehr freundlicher Mann nimmt meine Buchung entgegen. Die Minikreuzfahrt buche ich vom 26.7. 2011 bis 28.7.2011. Bis auf die üblichen kurzen Aussetzer des Computers geht alles problemlos über die Bühne.

Ich verabschiede mich, und der nette junge Mann drückt mir noch Übersichtskarten über Stockholm und Helsinki in die Hand und wünscht mir noch eine gute Reise.

Was habe ich jetzt gebucht? Nun, mein Budget ist nicht allzu hoch, weil ich in diesem Jahr die Heizung in meinem Haus in Målilla erneuert hatte . So buche ich eine Innenkabine im Deck C2 mit Frühstück am 27.7. und 28.7. 2011 . Das alles kostete nur 157,00 Euro.

Der Reiseplan sieht wie folgt aus:
26.07.2011:Abfahrt um 16.45 Uhr Ortszeit ab Stockholm Stadsgården
27.07.2011:Ankunft um 9.55 Uhr Ortszeit an Helsinki Katajanokka

27.07.2011: Abfahrt um 17.30 Uhr Ortszeit ab Helsinki Katajanokka

28.07.2011 Ankunft um 9.40 Uhr Ortszeit an Stockholm Stadsgården

Zu den Zeiten ist noch zu sagen , dass die Finnen in Helsinki eine Stunde der MEZ voraus sind.
Bei der Abfahrt um 16.45 Uhr in Stockholm sollte man spätestens eine Stunde vorher am Terminal sein, bei der Abfahrt in Helsinki reichen nur 15 Minuten. Das ist schon ein Unterschied, eine Stunde vorher in Stockholm und 15 Minuten vorher in Helsinki . Aber das

läßt sich dadurch erklären, dass in Stockholm die Ersteincheckung erfolgt , während man in Helsinki schon die Schlüsselkarte hat.

Die MS Gabriella

Småland, wo alles beginnt

Mein Haus in Småland liegt in Målilla. Nach einigen Sanierungsarbeiten ist aus dem gelben Haus ein rotes Haus geworden. Gelbe Häuser waren früher das Symbol der Häuser reicher Leute , während rote Häuser den armen Leuten gehörten. Ich fühle mich pudelwohl in meinem Haus, das ich mit Hilfe und Ideen von deutschen Freunden, die auch in Målilla leben,umbaute. Schwedische und deutsche Handwerker und auch eigene Muskelkraft haben das Haus in den heutigen Zustand versetzt.
An dieser Stelle möchte ich noch einige Dinge zu Småland sagen. Es ist aber nur unvollständig, weil es nur die Plätze beschreibt, die ich kenne und die auf dem Weg nach Stockholm liegen.

Småland besteht aus 3 Bezirken:

Kronobergs Län 8.758 qkm , 178.000 Einwohner , Växjö ist die größte Stadt

Kalmar Län 11.171 qkm , 233.900 Einwohner , Kalmar ist die größte Stadt

Jönköpings Län 10.475 qkm , 330.200 Einwohner, Jonköping ist die größte Stadt

Die Fläche Smålands umfaßt 30.104 qkm bei 742.100 Einwohnern , ist also doppelt so groß wie Schleswig-Holstein , hat aber nur etwas mehr als ein Viertel der

Einwohner Schleswig-Holsteins. Dabei gilt Småland noch als dicht besiedelt.

Mein Haus liegt im Kalmar Län in Målilla und gehört zur Komune Hultsfred, das wiederum 18 km entfernt von Vimmerby liegt.

Vimmerby, 7.800 Einwohner, wer hätte den Namen nicht schon einmal gehört. Hier wurde die berühmte Astrid Lindgren geboren. Sie lebte von 1907 – 2002. Ihre Werke wie Pippi Langstrumpf, die Kinder von Bullerby, Kalle Blomquist der Meisterdetektiv, Karlsson vom Dach, Ronja Räubertochter , Emil aus Lönneberga. uvm. haben nicht nur die Kinderwelt verändert.

Übrigens, Emil aus Löneberga heißt in Schweden so, in Deutschland ist es Michel aus Löneberga. Man sagt, dass es an Erich Kästners Werk Emil und die Detektive lag. Es sollte keine Verwechslung geben.

Doch nun zurück zu Astrid Lindgren, jener selbstbewußten Frau, die nie einen Nobelpreis erhielt. 2007 wurde mit Astrid Lindgrens Näs , ein Museum zu ihren Ehren eröffnet. Es wurde 2007 von der Kronprinzessin Viktoria eingeweiht. Es ist ein Muß , dieses Museum zu besichtigen.

Es zeigt den Lebensweg der Astrid Lindgren. Mit einem elektronischen

Stab in der Hand, kann man in der Landessprache alles über diese berühmte Schriftstellerin erfahren, wenn man die einzelnen Punkte ihres Lebens anklickt. Näs war das Dorf, wo sie aufwuchs. Inzwischen hat Vimmerby sich so vergrößert, dass Näs Bestandteil Vimmerbys ist.

Übrigens, Lönneberga, Bullerby und Mariannelund gibt es wirklich, und es beweist, dass in jedem Märchen ein Stück Wahrheit steckt.

<u>Vorschläge für Ausflüge :</u>

<u>Aboda Klint</u> ist eine Anhöhe mit einem Aussichtsturm und Restaurant südlich von Högsby. Es ist ein lohnenswertes Ziel. Dort gibt es sogar einen Skilift, der im Winter bequeme Abfahrten ermöglicht. Hier hat man einen schönen Rundblick über das südlich-östliche Småland.

Aboda Klint , südlich von Högsby

Valbacken mit Ingatorp lohnt sich. Eine herrliche   Aussicht auf Ingatorp , sowie ein Restaurant, das von   deutschen Auswanderen betrieben wird, bieten ein tolles Ziel. Es liegt auf der Strecke zwischen Mariannelund und Eksjö .

Blick von Valbacken auf die Kirche von Ingatorp

In **Eksjö** mit 9.700 Einwohnern findest man alte Holzhäuser aus der Zeit um 1600. Sehenswert ist auch der Marktplatz mit der Kirche. Ein gemütliches Cafe mit schwedischen Leckereien lädt zum Verweilen ein...

<u>Västervik</u> 20.900 Einwohner ist schon für
schwedische Verhältnisse eine größere Stadt
an der Ostsee. Das Hafenviertel Ist sehr schön
und man hat die Möglichkeit zu einem Ausflug
in die Schären.
Von Västervik ich bin einmal nach <u>Idö</u> gefahren,
einfach herrlich mit dem Schiff durch die
Schären zu gleiten.

Blick vom Restaurant der Insel Idö

<u>Norra Kvill</u> liegt zwischen Mariannelund und Vimmerby. Es ist ein Nationalparkgebiet mit europäisch geprägtem Urwald. Eine Wanderung vorbei an einem idyllischen See zu einer Anhöhe lassen das Wandererherz höher schlagen. Man umrundet den kleinen See und erreicht nach einer Weile dann die Anhöhe mit einem schönen Blick über Småland.

Der See im Norra-Kvill Nationalpark

Der zweitgrößte See Schwedens ist der
Vätternsee. Mit 136 km Länge, bis zu 31 km
Breite und der idyllischen Insel Visingsö mit
14 km Länge.
Auf Visingsö kann man Fahrräder ausleihen
und die Insel fast autofrei erkunden. Eine
Ruine befindet sich in der Nähe des Hafens.
Der Vätternsee ist Bestandteil des Götakanals ,
der Stockholm und Göteborg verbindet.

Die Kapelle auf der Insel Visingsö im Vätternsee

Der Göta Kanal mit MS Diana

Dies ist nur ein kleiner Ausblick auf die Ausflugsmöglichkeiten in Småland. Wer rechts oder links der Hauptstraßen abbiegt, der findet eine neue Märchenwelt vor, die so schön sein kann, dass es unwirklich erscheint.

Man sagt, wer einmal in Schweden war, er kommt entweder nie wieder, oder er ist so begeistert, dass er immer wieder kommt.

Ich gehöre zur zweiten Gruppe. Deshalb
möchte ich dies mit zwei kleinen
Versen unterstreichen:

Sanft durchstreift der Wind den Wald.
Die Luft ist klar und rein.
Hierher komm' ich bald.
Hier möchte ich gerne sein.

Suchst du Ruhe und Geborgenheit
Småland wartet zu jeder Jahreszeit.
Du riechst der Wälder Duft
und atmest reine Luft.

Schloß Vadstena am Vätternsee

Der Plan über Stockholm nach Helsinki

Es ist 6.30 Uhr . Wir schreiben den 26.7.2011.
Der 3-Tagestrip von Småland beginnt. Die
Sonne lacht, und ich stehe vor meinem Haus in
Målilla. Noch ein kurzer, prüfender Blick auf
mein Bahnticket, das ich zwei Tage vorher in
Hultsfred gekauft habe. 1005 SEK kostet die
Hin-und Rückfahrt nach Stockholm. Das sind
ca. 110 Euro. (Kurs 2011)
Es sind normale Preise, wenn man die ca. 300
km für die einfache Entfernung bedenkt.
Da biegt auch schon Gabi mit ihrem Mercedes
A 140 ein, um mich von Målilla nach Hultsfred
zu bringen. Gabi ist die Ehefrau von Heinrich ,
jenem Ehepaar,das meinen Umbau mit mir
plante und die Durchführung vorbildlich
überwachte, wenn ich nicht dort war und
arbeiten mußte.
Diese Zuverlässigkeit ist einmalig. Ich habe
Glück gehabt und mir so meinen Traum vom
roten Haus in Schweden erfüllen können.

Mein Haus in Målilla , es ist Ausgangspunkt
meiner Reise

Reise durch Småland nach Linköping

Um 6.45 Uhr erreichen wir das 11 km entfernte Hultsfred. Ich bedanke mich bei Gabriella , die mich in 2 Tagen wieder um 16 Uhr vom Bahnhof in Hultsfred abholen wird. Was wird dazwischen liegen? Ich bin innerlich und äußerlich fröhlich .

Der Zug rollt ein. Es ist 7.09 Uhr. Ich suche einen Fensterplatz , den ich auch nach kurzer Zeit finde. Die Sitze sind sauber und weich. Überall im Waggon riecht es jetzt nach Parfüm. Einige schwedische Schönheiten sitzen im Waggon und fahren zur Arbeit.

Ich denke mit Wehmut daran, wie es wohl gewesen wäre , wenn ich in meiner Jugend Schweden kennen und lieben gelernt hätte. Dieser Zug ist abgefahren. Jetzt setzt sich auch der Kustpilen (Küstenpfeil) in Bewegung . Der Kustpilen bedient die Stecke Kalmar-Linköping. Er ist sehr sauber und komfortabel, viel sauberer als viele deutsche Züge, und er ist nicht mit „Grafitti" beschmiert.

Wir verlassen jetzt Hultsfred (5.400 Einwohner). Hultsfred ist Hauptort der gleichnamigen Gemeinde. Attraktionen sind das jährlich stattfindende Rockfestival und die Schmalspurbahn, die im Sommer von Hultsfred nach

Västervik fährt. Der Hulingen See ist ebenfalls sehr schön und hat einen schönen Campingplatz.

Der Bahnhof von Hultsfred

Vorbei am Hulfsfreder Flugplatz geht es jetzt in Richtung Vimmerby, das 19 km von Hultsfred entfernt liegt. Ja, das kleine Hultsfred hat einen Flugplatz. In Hinblick auf Vimmerby mit Astrid Lindgrens Värld, jenem Freizeitpark, der all die Figuren und auch die Umgebung der äußerst erfolgreichen Bücher aufleben läßt, wurde versucht , den Billigflieger Ryanair an Hultsfred zu binden, was jedoch noch nicht gelang.

Wir erreichen das zauberhafte Vimmerby, und nach kurzem Aufenthalt geht es weiter in Richtung Kisa. Kisa hat 4.200 Einwohner und verfügt über ein Auswanderermuseum , welches die Auswanderungswelle in der Mitte des 19.Jahrhunderts nach Amerika dokumentiert.

Unweit von Vimmerby liegt in nördlicher Richtung der Kröngården am See Krön. Dort kann man hervorragend in geplegtem Ambiente und einem tollen Ausblick auf den See den bestellten Kaffee und Kuchen genießen . Unten am See befindet sich ein schöner Badeplatz. Ein Blick aus dem Fenster des Kustpilen ist jetzt wellness für die Augen: Wälder, Seen,rot-weiße Häuser,ein sattes Grün , welches von der Sonne gestreichelt wird. Meine Seele atmet tief durch.

Hinter Kisa durchfahren wir das Gebiet des Kinda-Kanals .

Blick auf den Kinda Kanal

Einige Informationen zum Kinda-Kanal:

Schon 1799 träumte man vom Kinda-Kanal. 1810 wurde dann der Kanal eröffnet und zwischen 1856 und 1871 ausgebaut. Der Kanal verbindet die Seen Roxen und Åsunden und mündet in den Göta-Kanal , der Göteborg mit Stockholm verbindet.

Der Kinda-Kanal ist 80 km lang, davon wurden
nur 27 km gegraben. Die restliche Länge wird
durch die beiden Seen ergänzt. 15 Schleusen
gleichen die Höhenunterschiede aus.

Ein weiterer Haltepunkt ist Rimforsa, welches
am Kinda-Kanal liegt.

Kurz vor 9 Uhr erreichen wir Linköping. Dort
muß ich umsteigen .
Es sollte noch sehr aufregend werden...

Informationen über Linköping:

Linköping hat 138.000 Einwohner und ist
Hauptstadt von Östergötland und
ist Universitätsstadt und Bischofssitz.
Industrie :   Saab (Flugzeuge
              Computer
              Lebensmittelindustrie

Sehenswürdigkeit: Freilichtmuseum

Probleme

Eigentlich scheint alles problemlos. Die Ankunft des Kustpilen ist pünktlich. Ich steige aus dem Zug und blicke zur Kontrolle auf mein Ticket. Mein Platz im Anschlußzug ist reserviert. So muß ich jetzt nur noch den richtigen Bahnsteig suchen. Aber ich finde ihn nicht. Da der Anschlußzug erst um 9.21 über Stockholm nach Gävle fährt und es jetzt erst 8.55 Uhr ist, mache ich mir keine großen Gedanken.

Ich tröste mich damit, dass der Zug schon um 11.05 in Stockholm sein wird. Es ist jetzt 9.15 Uhr. Ich werde langsam unruhig und erfahre von Mitreisenden und aus der Lautsprecherdurchsage, dass der Zug nicht kommt ,weil die Linie eingestellt ist. Na toll, da haben ja Kustpilen und SJ (Svensk Järnvägen) gut zusammengearbeitet. Da kommen Erinnerungen an Deutschland auf.

Immerhin , es gibt einen Bus-Ersatzverkehr, wie ich aus der Lautsprecherdurchsage erfahre. Der Bus rollt um 9.21 vom Busterminal D2. Wo zum Teufel ist jetzt D2? Ich frage irgendeinen Busfahrer, und der zeigt mir den Weg. Es ist 9.20 Uhr, und da entdecke ich den Bus. Der Busfahrer hat gerade den Motor angeworfen, als ich den Bus erreiche. Allerdings fährt der Bus nur nach Norrköping. Geschafft, der Bus verläßt jetzt Linköping in Richtung Norrköping.

Norrköping hat 83.000 Einwohner und ist bekannt durch die Papierindustrie , Handels- und Seefahrt. Auch ein Theater und ein Museum gibt es dort.

Der Bus überquert jetzt den Götakanal. Es ist ein denkwürdiges Bauwerk.

Der Götakanal bei Borensberg

Der Götakanal wurde in der Zeit 1810-1832 von 58.000 abkommandierten Soldaten errichtet, die in mühevoller Arbeit in 7 Millionen Tagwerken den Kanal ausgruben. Ein Tagwerk entsprach 12 Stunden Arbeit.

Die Arbeiten erfolgten nach den Plänen von Baltazar von Platen, der das Ende der Bauarbeiten nicht mehr erlebte, denn er wurde 1766 geboren und starb 1829, also 3 Jahre vor der Fertigstellung. Seine Grabstelle befindet sich direkt am Kanal auf der linken Uferseite, wenn man mit dem Boot von Motala in Richtung Borensberg fährt.

Die eigentliche Länge des Kanals beträgt nur 190 km, weil er 5 Seen durchfließt. Er hat 58 Schleusen, 50 Brücken, und der höchste Punkt des Kanals liegt 92 m über dem Meer.

Der Bus erreicht jetzt Norrköping und endet dort auch. Ungefähr 30 Fahrgäste verlassen den Bus und gehen auf Empfehlung des Busfahrers zur Information.
Einige haben es ziemlich eilig, denn sie wollen Arlanda , Stockholms Flughafen , erreichen. Es bildet sich eine Schlange, und die Tickets werden umgeschrieben und neu ausgestellt mit Platzreservierung. Ich muß den Regional-zug nehmen, der 10.25 losfahren soll.

Mühelos finde ich meinen Platz. Ein netter,
älterer Herr aus Schweden hat da mehr
Probleme. Seinen Platz 80 im Wagen 14 gibt es
nicht... Auch der Schaffner kann da nicht weiter
helfen. Und so wird er mein Gegenüber.
Mit 10 Minuten Verspätung rollt der Zug in
Richtung Stockholm.
Ich unterhalte mich auf Schwedisch mit dem
Herrn, der seine Schwester in Stockholm im
Altenheim besuchen möchte.
Er erzählt, dass er eine deutsche Frau hatte und
noch ein wenig Deutsch kann, was er auch als
Drittsprache in der Schule gelernt hat.
Trotzdem unterhalten wir uns auf Schwedisch.
Für mich ist das eine gute Übung, weil meine
Kenntnisse – ich möchte jetzt nett zu mir sein-
ausbaufähig sind.
Wir erreichen jetzter Nyköping mit 27.200
Einwohmer. Nur 4 km entfernt liegt
der von Ryanair angeflogene Flughafen
Skavsta.
So allmählich machen sich bei mir
Verschleißerscheinungen bezüglich der
Unterhaltung auf Schwedisch bemerkbar,
denn mein Schwedisch ist zwar brauchbar,
aber nicht überragend.

So bin ich froh, dass wir Södertäjle,die
Geburtsstadt Björn Borgs, erreichen.
Interessant ist, dass sich die Bahnstation auf
einer Brücke befindet.
Man hat einen schönen Blick auf die sich in
einem Talkessel befindende Stadt. Södertäje
liegt nur ca. 50 km von Stockholm entfernt,
besitzt einen Hafen, Maschinen - und
Metallindustie und ein Freilichtmuseum.

**Außerdem ist es Umsteigestelle für Schloß
Drottningholm oder Gripsholm.
Schloß Gripsholm liegt in Mariefred.
Dort liegt auch Kurt Tucholski begraben.**

Schloß Gripshom bei Mariefred

Ankunft in Stockholm

12.30 Uhr erreichen wir Stockholm. Ich verabschiede mich in den Katakomben der Centralstation von dem netten älteren Herren.

 Obwohl ich schon einige Male hier in Stockholm war, ist es immer wieder eine Herausforderung, hier an der richtigen Stelle heraus zu kommen. Schließlich schaffe ich es . Am World Trade Center komme ich raus. Ich bin auf dem richtigen Weg .

Eigentlich hatte ich noch eine kurze Stadtrundfahrt geplant, aber angesichts der Verspätung um 90 Minuten muss ich darauf verzichten.

Jetzt noch ein wenig essen, und dann geht es zum Schiff. Doch bevor mein Weg zum Schiff führt, möchte ich noch ein paar Dinge über Stockholm erzählen.

Ich beginne mit der Behauptung, dass Stockholm die schönste Hauptstadt Europas ist. Mit dieser Meinung stehe ich nicht alleine da. Stockholm liegt auf 14 Inseln , eingebettet vom Mälarsee und natürlich der Ostsee.

Das Wasser ist so sauber , dass man im Stadtgebiet baden kann.

Mit ca. 1.200.000 Einwohnern ist Stockholm die bevölkerungsreichste Stadt Schwedens.

Ein Muß ist die einstündige Bootsfahrt um die Insel Djurgarden. Auf dieser Insel liegen auch das Vasa-Museum , der Freizeitpark Skansen und der Vergnügungspark Gröna Lund.

Das Vasa-Museum von der Seeseite

Das Vasa-Museum wurde 1990 von König Carl
Gustav XVI eingeweiht. Dort kann man das Wrack
der am 10.8.1628 auf

seiner Jungfernfahrt gesunkenen Vasa bewundern. Die Gründe für das Sinken des Schiffes war die Überladung mit Kanonen. Zwischen 1959 und 1961 wurde das Schiff geborgen und bis 1990 restauriert.
Mit 70 m Länge und 11,7 m Breite
hat dieses Holzschiff ungeheure Ausmaße.

Ich habe mir das Schiff viel kleiner vorgestellt und bewundere die Leistung der damals lebenden Menschen. Auch Skansen hat einen Besuch verdient. Es ist ein Freilichtmuseum. Artur Hazelius gründete es 1891. Es beinhaltet alte Häuser aus ganz Schweden. Authentische Gegenstände aus ganz Schweden Skandinavien aus verschiedenen Zeitepochen sind dort zu bewundern.

Skansen liegt auf einer Anhöhe und bietet einen schönen Rundblick auf Stockholm. Und wer noch keinen Elch in Schweden gesehen hat, weil die Tiere sehr scheu sind, der kann gleich mehrere Tiere bewundern.

ein Blick auf den Vergnügungspark Gröna Lund

Eine 2-stündige Bootstour auf dem Mälarsee ist ebenso zu empfehlen.

Überhaupt, eine Schärenfahrt auf der Ostsee wird die gebeutelte Alltagsseele erfreuen.
Ich werde die Schärenfahrt ja gleich mit der MS Gabriela machen , auf dem Weg nach Helsinki oder Helsingfors , wie die Schweden ja Helsinki nennen.

Stockholm hat noch viele Attraktionen, die kilometerlange Fußgängerzone für die konsumwilligen Frauen und manchmal ja auch Männer.

Das Rathaus , Gamla Stan (Altstadt) , das königliche Schloss mit 608 Räumen.
Hier finden nur noch Staatsempfänge statt.
Die königliche Familie wohnt etwas außerhalb in Schloß Drottningholm am Mälarsee. Dorthin kann man auch eine Bootstour unternehmen.

Das Schloß kann man nicht besichtigen, aber den Schloßgarten. Die Schweden sind eine sehr offene Gesellschaft. Natürlich hat Stockholm noch mehr Attraktionen. Ich kann nur empfehlen, dieser wunderschönen Stadt einen Besuch abzustatten.

Ein großes Schiff läuft aus –
durch die Schären

Nach einem ca. 4 km langen Marsch von der Centralstation, vorbei am königlichen Schloß und einem kleinen Snack an einer der vielen „gatukök" (Schnellimbiss) erreiche ich kurz vor 14 Uhr das Gebäude der Viking-line. Mir ist heiß. In Stockholm ist Sommer, und der hat es in sich.

Es ist angenehm kühl im Gebäude, was ich nach dem langen Marsch als angenehm empfinde.
Das Schiff , die MS Gabriella , liegt am Kai. Leider sind die Eincheckschalter noch geschlossen. Aber immerhin ist der Informationsschalter offen. Dort sammeln sich die Reisenden in der Hoffnung, schnell an Bord zu kommen. Doch das klappt nicht.

Um 14.30 Uhr öffnen sich schließlich die Eincheckschalter. Trotz der langen Schlagen, die sich gebildet haben, geht es zügig und freundlich zu. Ich erhalte den elektronischen Schlüssel. Leider geht es noch nicht aufs Schiff. Im ersten Stock des Gebäudes wird eine Attrappe des Schiffseinganges für Fotos aufgebaut.
Bis dahin schlürfe ich noch gemütlich einen Kaffee und beobachte die Mitreisenden.
Um 15.40 Uhr geht es dann aufs Schiff. Jeder muß jetzt die Attrappe durchschreiten und wird fotografiert. Für 5 Euro kann man dieses Foto erwerben. Auf Deck 6 werden die Fotos ausgestellt. Später kaufe auch ich ein Foto, weil es doch eine schöne Erinnerung ist an einen

schönen Moment , den ich voller Dankbarkeit und
Freude erlebe, auch wenn meine Kabine eine
Innenkabine auf Deck 2 ist. Bei der nächsten Tour
werde ich doch eine bessere Kabine nehmen.
Aber ich habe Glück mit dem Wetter, und so kann ich
die meiste Zeit draußen verbringen.

 Draußen habe ich einen herrlichen Blick auf
Stockholm, Gröna Lund , das Vasa-Museum,
das königliche Schloß und die Insel Djurgarden.
Das Schiff macht einen guten Eindruck. Auch meine
Kabine ist o.k. . Ob das Deck 2 , wo sich meine Kabine
befindet ,wohl unter der Wasserlinie liegt? Ich weiß es
nicht, und es spielt auch keine Rolle, denn ich fühle
mich sicher.
Jetzt bin angekommen, die Reise kann beginnen.

Doch bevor die Reise beginnt, hier noch ein paar Daten
der MS Gabriella:
Länge: 170 m
Breite: 28 m
Geschwindigkeit : 21,5 Knoten
Passagiere: 2400
Kabinenplätze: 2170
Eisklasse: 1 A Super
Gewicht: 35492 BRZ

Geschichte des Schiffes:

1991 Stapellauf als Frans Suell
1992 Übergabe an Euroway
1993 Travemünde – Malmö – Kopenhagen
Linie eingestellt , Einsatz unter Silja – Line auf
der Linie Stockholm – Mariehamn (Ålandinseln)
- Turku
1997 Verkauf an Viking-Line

Einsatz : Stockholm – Marieholm –   Helsinki

Pünktlich um 16.45 läuft das Schiff aus. 15   Minuten vor uns fährt die MSC Orchestra, ein Kreuzfahrtschiff mit 293 m Länge und 32 m Breite. 3013 Passagiere kann es aufnehmen und kreuzt im Winter in Südamerika und im Sommer in Europa.

Es ist eine wunderschöne Tour. Fast hat es den Anschein, als würde das Schiff auf einem Fluß fahren.

Farbig schimmern die größtenteils bewaldeten Felseninseln.

Die Schären ziehen alle Passagiere in den Bann. Es ist warm, und der Wind hält sich in Grenzen. Wie an der Schnur gezogen gleitet die MS Gabriella durch den Irrgarten der Schären.

Es ist bewundernswert, mit welchem Können die Crew die MS Gabriella durch die Schären steuert. Unterwegs begegnet uns das Schwesterschiff Amorella.

Einige Daten der MS Amorella:

Baujahr : 1988
Länge: 169,4 m
Passagiere: 2480
Geschwindigkeit : 20,5 Knoten

An Deck verbringe ich so ungefähr 2 Stunden. Ich genieße die Seefahrt bei warmer Luft , glatter See und herrlicher Aussicht auf die Schäreninseln. Segelboote und andere
Schiffe begegnen uns, so zum Beispiel auch die Fähre von St. Petersburg nach Stockholm.

Es ist eine wunderschöne Seereise. Ich genieße diese Reise. Die Zeit vergeht schnell , und so habe ich kaum Zeit, das Schiff zu erkunden.
Nach ungefähr zwei Stunden an Deck gehe ich im Selbstbedienungsrestaurant am Heck des Schiffes essen. Das Essen wird nach Gewicht bezahlt. Das ist fair und preiswert . Jeder kann sein Menü so zusammen stellen , wie es ihm schmeckt . Wer das richtig macht, der wird satt und spart Geld.

Anschließend gehe ich natürlich nochmal an Deck, um die Seeluft und die Aussicht auf die Schären zu genießen.

Hier kann man sie Seele baumeln lassen.
Wer hier ein Haus am Wasser hat, der hat
Glück gehabt.

Schärenimpressionen

Auch am Abend sind die Schären schön

45

Ankunft in Finnland

Gegen 22 Uhr geht es dann mit vielen neuen
Eindrücken in die Koje.
Dann gegen 23.45 Uhr macht es plötzlich einen Ruck.
Ich werde wach. Wir haben in Mariehamn angelegt.
Mariehamn ist die Hauptstadt der Ålandlinseln. Die
Inselgruppe mit ca. 6.700 Inseln und Schären gehört
schon zu Finnland.

Obwohl die Inselgruppe mit 13.517 qkm fast so groß
wie Schleswig-Holstein ist, leben dort nur 28.000
Einwohner. Die Einwohnerzahl verteilt sich auf nur
60 Inseln.

Auf den Ålandinseln ist der Euro, wie auch in Finnland
die Währung. Amtssprache ist jedoch Schwedisch.
Die Ålands sind weitgehend autonom.
Schade, dass es hier schon dunkel ist.

Ab 7.00 Uhr (MEZ) gibt es Frühstück, welches ich um
7.10 Uhr einnehme. Ich bin erstaunt , dass es so früh
schon so voll ist. Neben mir sitzt eine asiatische
Familie.

Es sind viele Nationen vertreten.
Das Frühstück ist ein leckeres Buffet.
Doch mich zieht es bald wieder an Deck. Ein
Crewmitglied hisst am Heck die finnische Flagge
zum Zeichen , dass wir Helsinki anlaufen.

Helsinki – ein Hauch von Russland

Am Horizont ist schon die Küste vom finnischen
Festland zu sehen. Traumhaft gleitet die MS Gabriella
durch die Ostsee und steuert Helsinki an. Das Wetter
ist südeuropäisch schön, fast zu schön für diesen
Breitengrad möchte man meinen.
Sehr bedenklich sind allerdings die Algenteppiche,
durch die sich unser Schiff den

Weg bahnen muß. Die Schären von Helsinki sind weitläufiger als die von Stockholm.

die Schären vor Helsinki

Und dann liegt sie vor uns, die Hafeneinfahrt von Helsinki. Kaum zu glauben, dass hier die MS Gabriella durchpaßt. Doch es klappt.

Hafeneinfahrt von Helsinki

Inseln vor Helsinki

An der Backbordseite (links) liegt Burg
Suomelinna.Diese Burg ist Unesco Weltkulturerbe.
1748 wurde der Bau von den Schweden begonnen.
Finnland war damals ein Teil Schwedens.
Damals hieß die Burg noch Sveaborg.

1808 ging die Burg (und Finnland) an Russland.
Das änderte sich erst 1918 als Finnland souverän
wurde.
Seitdem ist die Burg in finnischem Besitz. Bis 1973
wurde die Burg militärisch genutzt.
Heute sind dort mehrere Museen untergebracht.
Auch ein deutsches U-Boot kann man dort
besichtigen.
Viele kleine Fähren fahren täglich zur Burg.

Burg Suomelinna

51

Landgang in Helsinki

Ich genieße das Einlaufen im Hafen. Markantester Punkt ist die Domkirche, die auf einem Hügel in der Nähe des Hafens liegt . Die Kirche ist ein guter Orientierungspunkt.

Das Wetter ist einfach nur schön. Doch vorher habe ich noch einen Blick auf eine kleine Insel mit einer kleinen Fähre.

Die MS Gabriella steuert jetzt den Hafen an. Ein Schiff der Silja – Line und ein Kreuzfahrtschiff verbreiten echtes Hafenflair. Die Stimmung ist gut. Pünktlich um 9.00 Uhr (MEZ) oder 10.00 Uhr finnischer Zeit legt das Schiff an.

Der Landgang erfolgt zügig. Einige Busse für Rundfahrten stehen bereit. Ich mache die Erkundung zunächst auf eigene Faust, da mir alles recht übersichtlich erscheint.

Der Weg geht an einer Tankstelle vorbei. Die Finnen haben auch den Euro.Trotzdem bin ich erstaunt, dass das Benzin auf den Cent genau soviel kostet wie in Deutschland. Die internationalen Absprachen funktionieren perfekt.

 Nach etwa 600 m erreiche ich den Flohmarkt am Hafen. Den Flohmarkt beachte ich zunächst noch nicht. Ich möchte zur Domkirche.

der Anlegeplatz

Nur 200 m entfernt vom Hafen liegt auf einem Hügel
liegt die Domkirche am Senatsplatz. Obwohl
sie nach den Plänen des Berliners Carl Ludwig Engel
(1778-1840) erbaut wurde, ist sie im russischen Stil .
Die Kirche wurde in der Zeit der russischen Herrschaft
von 1820-1852 erbaut. Zwölf Jahre nach dem Tode
Engels wurde die Kirche eingeweiht.

Der russische Einfluß ist unverkennbar. In den Zeiten des kalten Krieges entstand der Film Dr.Schiwago. Als der Film 1965 gedreht wurde, war es noch nicht möglich,an Schauplätzen in Russland zu drehen. Viele Szenen entstanden in Finnland, auch in Helsinki.

Die Kirche ist schon beeindruckend. Von hier, dem Senatsplatz startet auch die Stadtrundfahrt der Doppeldeckerbusse der „hop on hop off" Bus-sightseeing.
 Sie kostet für den nördlichen Teil 20 Euro, für den südlichen Teil (Hafen) 15 Euro. Ich entschließe mich für den nördlichen Teil, weil ich den Hafen ja schon vom Schiff aus kennengelernt habe.

Die Stadtrundfahrt beginnt

Langsam setzt sich der grüne Doppeldeckerbus in Bewegung. Die Stadtrundfahrt beginnt.

Über Kopfhörer kann man in 6 verschiedenen Sprachen die Erläuterungen zu den Sehenswürdigkeiten hören, wenn die Kopfhörer funktionieren. Es funktioniert nicht gleich, und so muß ich mich woanders hinsetzen.

Erschwerend kommt noch hinzu dass man nicht weiß , wann die Ansagen sind, weil nicht pausenlos Ansagen sind und die Stimme vom Band in den Pausen stumm bleibt. Trotzdem macht es Spaß , die Ansagen auch einmal in einer fremden Sprache zu hören.

Als die erste Sehenswürdigkeit kommt, bin ich jedenfalls auf deutsch dabei.
Es ist das Kaufhaus Stockmann. Heinrich Stockmann (1825-1906) war ein bei Lübeck geborener Kaufmann, der 1862 ein Kaufhaus gründete. Inzwischen ist es eine Kaufhauskette, die in vielen finnischen Städten Filialen besitzt. Auch in Moskau,St. Pertersburg,Jekaterinburg, Tallinn und Riga gibt es Filialen.

Kaufhaus Stockmann

Das Mannerheim Denkmal

Gustav Mannerheim (1867-1951) war ein finnischer
Nationalheld. 1939/1940 führte er Krieg gegen die
Sowjetunion. Nach dem

Überfall Hitlers auf die Sowjetunion 1941 führte er den Krieg zwar weiter , aber ohne die Sowjetunion besonders zu reizen und distanziert zu Deutschland. 1942 versuchte Hitler bei einem inoffiziellen Besuch in Finnland , Mannerheim zu mehr Engament zu bewegen. Hierüber gibt es sogar Tonbandaufnahmen. 1944 schloß Mannerheim, der Hitler nicht traute, einen Waffenstillstand mit der Sowjetunion. Finnland blieb souverän.

Das Olympiastadion von 1952

Wir fahren vorbei am Sibeliuspark , der zu Ehren des finnischen Komponisten Jean Sibelius (1865 – 1957) errichtet wurde.

Und da ist es auch schon , das Olympiastadion von Helsinki. Das Olympiastadion wurde schon 1934-1940 für die olympischen Sommerspiele 1940 gebaut. Wegen des 2.Weltkrieges fanden die Spiele nicht statt.

Erst 1952 kam Helsinki zum Zuge. Als der finnische Langsteckenläufer Paavo Nurmi (1897-1971) die Spiele eröffnete , weinten viele Zuschauer vor Freude. Nurmi errang bei den Olymischen Spielen von Antwerpen (1920), Paris (1924) und Amsterdam (1928) insgesamt 9 Goldmedaillen. Deutschland durfte erstmals wieder nach dem 2. Weltkrieg teilnehmen, 1948 in London war dies noch nicht der Fall.

Wir fahren jetzt am Parlamentsgebäude vorbei. Das Gebäude wurde 1931 eingeweiht. Das Parlament hat nur 200 Abgeordnete.

Das Parlamentsgebäude

Schließlich erreichen wir den Bahnhof von Helsinki. Der Bahnhof wurde 1860 gebaut und 1919 nach 15 Jahren Bauzeit im Jahre 1918 eingeweiht.

Da der Bahnhof 1860 noch in der russischen Regentschaft erbaut wurde, gibt es nur die russische Breitspur.

In 3,5 Stunden kann man von Helsinki ohne Spurumbauten der Waggons und Lokomotiven nach St. Petersburg reisen.
Der russische Einfluß ist noch sehr oft spürbar.

Ein Blick vom Doppeldecker auf den Bahnhof

Schließlich endet die Fahrt wieder am Senatsplatz . Es war eine schöne und interessante Fahrt. Ich möchte jetzt noch einen Blick auf das Innere der Domkirche werfen.

Doch leider ist für Besucher eine Mittagspause von 45 Minuten, und so lange möchte ich dann doch nicht warten. Ein Tag Helsinki ist doch recht wenig. Ich stehe jetzt auf dem Portal der Domkirche und genieße den Blick auf den Senatsplatz.

Ich beschließe zum Flohmarkt am Hafen zu gehen für einen kleinen Imbiss. Später auf dem Schiff kann ich ja wieder richtig zuschlagen...

Es ist sehr heiß hier in Helsinki. Ich hätte es nicht für möglich gehalten, dass es in diesen Breiten im Sommer so heiß werden kann.

Selbst die Luft am Hafen bringt kaum Abkühlung. Eine Stunde verbringe ich noch auf dem Flohmarkt.

Blick auf den Senatsplatz

Für 10 Euro mache ich noch eine
Hafenrundfahrt . Sie dauert 45 Minuten und
soll mir ein wenig Abkühlung bringen.

Der Flohmarkt – Startpunkt der Hafenrundfahrt

Hafenrundfahrt

Blick vom Boot auf die Burg

Die Burgmauer

Blick auf das deutsche U-Boot aus dem 2.Weltkrieg

Die Hafenrundfahrt ist sehr schön und zeigt Ecken und Winkel, die man von der MS Gabriella nicht sehen konnte. Ein wenig kühler ist es hier auch, aber immer noch sehr warm.
Wir fahren auch in ein anderes Hafenbecken. Dort stehen die Eisbrecher.

Sie sollen im Winter den Weg frei machen. Man kann sich das jetzt angesichts der Hitze nicht vorstellen. Aber die Ostsee friert hier im Winter zu. Das liegt neben der Kälte auch daran , dass die Ostsee hier nur noch einen geringen Salzgehalt hat.

Mit 22000 PS brechen die Eisbrecher dann das Eis. Die Seewege werden wieder frei.

Eine Villa auf einer Insel

Die Eisbrecher

Die Rückreise

Es ist gut, dass ich diese Hafenrundfahrt noch
gemacht habe. Jetzt, nachdem ich wieder an Land
bin, kommt wieder die Hitze durch.
Obwohl ich noch 2 Stunden bis zum Auslaufen habe,
gehe ich wieder zurück an Bord. Es ist die Hitze, die
alle Aktivitäten lähmt.

So mache ich mich frisch an Bord und genieße bei einem Kaffee die tolle Aussicht über den Hafen. Das Schiff der Silja-Line läuft aus.

Helsinki ist eine ein beliebtes Ziel. Als Hauptstadt Finnlands mit zahlreichen Sehenswürdigkeiten und 590.000 Einwohnern ist die 1550 gegründete Stadt überschaubar.

Ich habe auf dieser Reise nur einige
Sehenswürdigkeiten entdecken können.
Vieles ist mir in der kurzen Zeit verborgen geblieben.
Es hat in mir die Neugier nach mehr Helsinki und
Finnland geweckt. Ein Blick auf das Hotel Grand
Marina zeigt, wie groß die MS Gabriella ist.

Um 6.30 Uhr (MEZ) oder 17.30 finnischer Zeit legt unser Schiff ab.

Nachdem das Schiff die enge Hafenausfahrt passert hat , genieße ich die Seereise. Ich nehme am Heck Platz und sehe , wie Helsinki allmählich am Horizont verschwindet . Die MS Gabriella pflügt scheinbar Straßen auf dem Wasser . Ein Glas Wein , draußen am Heck , und die Welt ist in Ordnung. Das war sie vorher auch, zumindest auf dieser Reise.

Gegen Abend lausche ich dann noch ein paar Minuten der Karaoke-Veranstaltung. Einige sind ganz gut.

Nach dem reichhaltigen Frühstück erreichen wir wieder die Ausläufer Stockholms. Die Schärenfahrt ist wieder unbeschreiblich schön.

Die Fähre nach Tallinn in den Schären

Es ist Zeit, diese Reise noch einmal
Revue passieren zu lassen.

Ich habe mit dem Wetter wirklich Glück
gehabt. Das Fährschiff war in Ordnung.
Man hat sich dort trotz der vielen Menschen
dort wohlgefühlt. Wer hier Unterhaltung
sucht, der findet sie auch.

Aber auch Rückzugsmöglichkeiten sind
dort gegeben. Meine Sparversion mit
der C2- Kabine ist nicht optimal, macht
aber bei schönem Wetter nicht viel. Die
Kabinen waren jedenfalls sauber und
mit Dusche und WC. Nur der Blick aufs
Meer fehlte.

Den Blick habe ich mir aber bei warmer
Sommerluft an Deck geholt. Einfach
schön ist es, einen Sonnenuntergang
auf dem Meer zu beobachten.

Die nächste Seereise werde ich wieder
mit einer gebuchten Außenkabine machen.

Stockholm und Helsinki sind zwei Haupt-
städte, die einen Besuch wert sind. Man
sieht auch in kurzer Zeit viel, aber nicht
alles. Es macht einfach neugierig auf
jene Sehenswürdigkeiten, die man aus Zeit-
gründen verpasst hat.

Nachdem wir um ca. 9 Uhr angelegt haben, geht es trotz der Menschenmenge recht zügig voran. Draußen am Terminal warten Taxen und Busse. Flyggbusserna bietet eine Fahrt zum Bahnhof an für 40 SEK. Da kann ich nicht nein sagen. Doch die Fahrkarte kann man nicht beim Busfahrer lösen, sondern am Terminalschalter.

Macht nichts, ich habe ja Zeit , denn mein Zug fährt ja erst am frühen Nachmittag. So gegen 11 Uhr bin ich dann am Bahnhof (Centralstation) . Nach einem kurzen Imbiss gehe ich zum Bahnsteig. Ich könnte einen früheren Zug den X2000 nach Malmö nehmen. Das aber wiederum geht nicht , weil alle Plätze reserviert sind, erklärt mir die Schaffnerin am Bahnsteig.

Ich nehme also den mir zugedachten Zug. Das klappt auch ganz gut, bis kurz hinter Södertälje der Zug stehen bleibt. Prompt kommt auch die Durchsage, dass der vorhergehende Nahverkehrszug liegengeblieben ist und es ungefähr 20 Minuten dauern würde.

Ich habe aber in Linköping nur 12 Minuten Aufenthalt. Das wird eng, Der Zug setzt sich dann doch mit nur 15 Minuten Verspätung in Bewegung. Drei Minuten holt der Zug noch auf. In Linköping steht aber noch der Kustpilen und wartet. Ich hetze zum Bahnsteig. Geschafft. Auch in Schweden gehört das Bahnfahren zu den letzten Abenteuern.

Es gibt kaum einen Unterschied zu Deutschland. Das Personal ist freundlicher und die Waggons sind sauberer. Eine schöne Reise geht zu Ende.

Nützliche Internetseiten:

www.schwedenferienhaus.wh.ms
www.vikingline.de
www.tallinksilja.com
www.helsinki-info.de
www.visitstockholm.com
www.msc-kreuzfahrten.de/Orchestra
www.visitsweden.com
www.schwedentor.de
www.schwedenstube.de
www.ttline.com
www.scandlines.de
www.finnlines.com
www.stenaline.de
www.treffpunkt-schweden.com
www.schwedenhaus-vogt.de

Statistische Daten:

Schweden : 450.295 qkm = 20,9 Ew./qkm
9,4 Millonen Einwohner
53.430 US-Dollar / Einkommen p. P.

Finnland : 338.145 qkm = 16,0 Ew./qkm
5,4 Millionen Einwohner
48.420 US-Dollar / Einkommen p.P.

Deutschland: 357.127 qkm = 229,1 Ew./qkm
81,8 Millionen Einwohner
43.980 US-Dollar /Einkommen p.P.

Herstellung und Verlag:
BoD-Books on Demand, Norderstedt
ISBN: 978-3-7322-3609-1